Außerdem erhältlich:

978-3-451-71505-1

978-3-451-71652-2

www.herder.de

Gesamtgestaltung: Veronika Preisler, München
Druck: PNB Print Ltd
Printed in Latvia

Gedruckt auf umweltfreundlichem,
chlorfrei gebleichtem Papier

ISBN 978-3-451-71681-2

Anselm Grün

Ein Engel dir zur Seite

Engelgebete für Kinder

Mit Illustrationen von
Martina Hoffmann

HERDER
FREIBURG · BASEL · WIEN

INHALT

Liebe Kinder,

vor einiger Zeit kam nach einem Vortrag über Engel ein zehnjähriges Mädchen zu mir und fragte mich, ob ich wirklich glaube, dass ihr Engel sie nie verlässt.
„Ja, das glaube ich", sagte ich.
„Auch wenn ich nicht lieb war?", fragte das Mädchen weiter.
Ich antwortete: „Ja, auch dann begleitet dich der Engel weiter."
Doch das Mädchen ließ nicht locker: „Auch wenn ich immer wieder böse bin?"
„Auch dann", sagte ich. „Der Engel hat Geduld mit dir."
Offensichtlich hatte das Mädchen oft zu hören gekriegt, dass es nicht lieb ist und sich unmöglich verhält. Und vermutlich hatte das Kind manchmal selbst das Gefühl, unzureichend zu sein. Da war ihm das Versprechen wichtig: Der Engel verlässt dich nicht. Der hält dich aus, auch wenn du mal schlecht drauf bist, deine Eltern nicht zufrieden mit dir sind oder du dich selbst einmal nicht magst.

Ein anderes Mal fragte mich eine Mutter, was mit ihrer fünfjährigen Tochter nicht stimme.
Ich fragte: „Warum?"
Die alleinerziehende Mutter erzählte: „Wenn ich mit meiner Tochter vom Einkaufen zurückkomme, sagt sie oft:

‚Schlag doch die Tür nicht so schnell zu! Mein Engel muss noch reinkommen!' Und beim Essen möchte sie, dass neben ihr ein leerer Stuhl steht. Für den Engel."
„Ihre Tochter braucht das Gefühl, dass da ein Engel an ihrer Seite ist", sagte ich. „Bestimmt ist es nicht immer leicht für das Kind und für Sie als Mutter. Denn Sie können ja unmöglich immer gut gelaunt sein. Und wenn Sie zum Beispiel mal ungeduldig mit ihr sind, braucht Ihre Tochter das Gefühl, dass der Engel immer Geduld mit ihr hat, dass er ihr immer zur Seite steht und sie nie im Stich lässt. Das ist sehr tröstlich."

So wünsche ich euch mit den Engelgebeten, dass ihr euch immer beschützt und behütet fühlt - und dass der Engel euch Geduld und Achtsamkeit zeigt. Euer Engel begleitet euch. Er ist immer bei euch. Aber manchmal spüren wir ihn nicht. Dann können wir den Engel bitten, dass wir seine helfende und heilende Nähe erfahren. Wenn wir ihn durch unser Beten spüren, kann er uns in immer größeres Vertrauen führen, in eine immer zärtlichere Liebe hinein. Dann wird unser Leben erfüllt mit Freude und Lebendigkeit und Freiheit. Das wünsche ich euch von Herzen!

Pater Anselm Grün

1 DER MORGENENGEL

Lieber Morgenengel!
Der Wecker hat mich aus dem Schlaf gerissen. Ich möchte so gerne noch weiterschlafen.
Ich freue mich gar nicht auf den neuen Tag. Ich habe keine Lust auf Schule.
Begleite du mich heute, damit es ein guter Tag wird.
Öffne mir die Augen, damit ich das Gute sehe, das mich heute erwartet.
Richte mich auf, damit ich jetzt aufstehe und positiv in den neuen Tag hineingehe.
Geh du mir voraus, damit ich vor nichts Angst haben muss, was mich heute erwartet.
Und zeige mir all das Schöne des neuen Tages. Damit ich mich freuen kann auf das Neue, das ich erleben darf – auf Begegnungen mit Freunden und meiner Familie.
Bitte begleite du mich heute, damit es ein guter Tag wird – ein gesegneter Tag.

2 DER SCHUTZENGEL

Lieber Schutzengel!
Bitte begleite und beschütze mich heute den ganzen Tag.
Pass auf, dass mir nichts passiert.
Dass ich vorsichtig auf der Straße bin.
Und dass ich vor Menschen geschützt bin, die mir schaden möchten.
Lass deinen Schutz um mich herum sein wie ein Mantel, der mich einhüllt und durch den verletzende Worte anderer nicht dringen können.
Wenn du mich behütest, kann ich voll Vertrauen in diesen Tag gehen.

3 DER ENGEL DER ACHTSAMKEIT

Lieber Engel der Achtsamkeit!
Oft bin ich unachtsam. Ich bin hektisch, vergesse Termine oder lasse Sachen liegen.
Sei du immer bei mir, damit ich auf Dinge aufpasse und ganz im Hier und Jetzt bin.
Damit ich auch auf mich aufpasse.
Lass mich achtsam sein, wenn jemand mit mir spricht. Damit ich genau hinhöre, was mir diese Person sagen möchte.
Und lass mich auf meine Gefühle achten. Dass ich mich nicht von negativen Gefühlen beherrschen lasse, sondern immer ein Gefühl von Liebe, Freude und Zuversicht in mir spüre.

4

DER ENGEL DES VERTRAUENS

Lieber Engel,
mit meiner besten Freundin habe ich immer offen über alles geredet. Aber jetzt hat sie schlechte Sachen über mich erzählt. So kann ich ihr nicht mehr vertrauen.
Und ich hab auch kein Vertrauen mehr in mich selbst.
Ich habe Angst, dass die anderen diese Sachen glauben und mich nicht mehr mögen. Dass sie sich hinter meinem Rücken über mich lustig machen.
Aber ich weiß, dass du mir vertraust und dass ich mich immer auf dich verlassen kann.
Dann verunsichert es mich auch nicht mehr so, wenn andere Menschen mein Vertrauen missbrauchen.
Denn du wirst es nie missbrauchen. Du bist immer für mich da. Das gibt mir mein Selbstvertrauen zurück. Danke!

5 DER ENGEL DER DANKBARKEIT

Lieber Engel,
lass mich dankbar sein!
Für mein Leben, für meine Familie und Freunde –
für alles, was sie für mich tun.
Dankbar dafür, dass ich in einem Land leben darf,
in dem Frieden und Wohlstand herrschen.

Hilf mir, dass ich jeden Abend die Brille der Dankbarkeit aufsetze und mit dieser Brille auf den vergangenen Tag schaue. Dann kann ich viel sehen, wofür ich dankbar sein darf: für meine Familie, gute Gespräche, nette Begegnungen, für mein Zuhause, in dem ich mich wohlfühle, für die schöne Natur, die ich genießen darf, für die Zeit mit meinen Freunden …
Dankbarkeit weckt gute Gefühle in mir.
Jemand hat mal gesagt: „Ich bin nicht dankbar, weil ich glücklich bin, sondern ich bin glücklich, weil ich dankbar bin."
Lass mich dankbar auf alles schauen, was ich erlebe, und mich innerlich glücklich fühlen!

6 DER ENGEL DER GEDULD

Lieber Engel,
du weißt, dass ich oft sehr ungeduldig bin: Ich kann nicht warten, bis das Essen fertig ist, bis ich an der Reihe bin oder bis ich nach draußen darf. Ich kann meinen Geburtstag oder Weihnachten kaum erwarten. Ich möchte immer, dass alles, wonach ich mich sehne, sofort passiert oder da ist.
Lehre du mich Geduld, damit ich warten kann – und mit dem zufrieden bin, was gerade ist.
Hilf mir auch, nicht ungeduldig auf andere Menschen zu reagieren und ihnen damit das Leben schwer zu machen.
Und lehre mich vor allem Geduld mit mir selbst. Denn ich möchte immer schon weiter sein. Aber alles kommt zu seiner Zeit.
Wenn ich daran denke, wie viel Geduld du mit mir hast, dann hilft mir das schon, geduldiger zu sein. Danke dafür!

7 DER ENGEL DER FREUDE

Lieber Engel,
ich freue mich so gerne. Freude ist ein schönes Gefühl.
Ich freue mich, wenn ich die Liebe meiner Eltern spüre, wenn sie mir zum Beispiel etwas schenken oder etwas Tolles mit mir unternehmen. Ich freue mich, wenn ich draußen in der Natur bin und die Vögel so schön zwitschern, wenn meine Oma einen Kuchen backt oder wenn die Ferien beginnen …
Ich sehe leider so viele Menschen um mich herum, die irgendwie freudlos sind. Griesgrämig oder traurig. Erfülle du mich mit deiner Freude, damit ich auch andere Menschen mit meiner Freude anstecken kann. Und lass die Freude in mir immer stärker sein als Traurigkeit und Lustlosigkeit.
Lass mich jeden Morgen voll Freude den neuen Tag beginnen und eine Spur der Freude weitergeben und eingraben in unsere Welt.

8 DER ENGEL DER ANGST

Lieber Engel,
oft habe ich Angst. Und ich weiß gar nicht, warum.
Ich habe Angst, dass meinen Eltern etwas passieren könnte oder dass sie sich trennen.
Ich habe Angst im Dunkeln oder vor der Zukunft.
Ich frage mich, wie mein Leben wohl später aussehen wird und ob die Umweltzerstörung irgendwann gestoppt werden kann.
Sei du bei mir, wenn ich Angst habe!
Lass mich spüren, dass ich nie allein bin.
Du stellst dich vor meine Angst, damit sie mich nicht beherrschen kann.
Hilf mir, meine Angst zu überwinden und darauf zu vertrauen, dass ich nie aus Gottes guter Hand fallen kann, ganz gleich, was passiert.

9 DER ENGEL DER STILLE

Lieber Engel,
manchmal wird mir alles zu laut, zu viel und zu bunt. Alle reden auf mich ein, jeder will was von mir, der Fernseher läuft im Hintergrund.
Dann sehne ich mich nach Stille.
Aber wenn es dann ganz ruhig um mich ist, ist diese Stille manchmal auch schwer zu ertragen. Dann kommen so viele Gedanken in mir hoch, die mich verunsichern.
Sei du bei mir, damit ich mich in der Stille geschützt und geliebt fühle.
Hilf mir, mich dieser Stille ganz hinzugeben und sie zu genießen.
Dann kann ich spüren, dass Gott mich umgibt und immer bei mir ist.

10 DER ENGEL DER LIEBE

Lieber Engel,
ich sehne mich danach, geliebt zu werden.
Aber manchmal zweifle ich daran, ob meine Eltern mich wirklich lieben. In anderen Momenten wiederum kann ich ihre Liebe sehr deutlich spüren.
Schenke mir die Gewissheit, geliebt zu werden.
Mach mich fähig, meine Eltern und Geschwister, meine Verwandten und Freunde zu lieben.
Erfülle mich mit der Liebe Gottes, die unerschöpflich ist.
Liebe ist so ein schönes, warmes Gefühl.
Und es ist schön zu wissen, dass die Liebe durch mich auch zu anderen Menschen strömt und sie glücklich machen kann.

11 DER ENGEL DES VERSTEHENS

Lieber Engel,
oft verstehe ich nicht, was meine Eltern eigentlich von mir wollen oder wie Menschen sich in manchen Situationen verhalten.
Und oft verstehe ich mich selber nicht. Ich weiß nicht, warum ich so launisch bin. Ich weiß nicht, warum ich manchmal so empfindlich oder aggressiv reagiere.
Schenke mir etwas von deiner Klarheit, damit ich mich selbst und andere besser verstehe.
Verständnis für mich und andere macht das Leben besser und hilft mir, auch schwierige Situationen zu meistern.

12 DER ENGEL DER HEILUNG

Lieber Engel,
mein Hals tut schrecklich weh, und ich habe Fieber.
Ich muss im Bett bleiben, und mir ist langweilig.
Begleite mich und alle Menschen, die krank sind, auf dem Weg zur Besserung.
Tröste und stärke sie im Vertrauen, dass Gottes heilende Kräfte und Liebe stärker sind als die Krankheit.
Steh mir in meiner Ungeduld bei, schnell wieder gesund zu werden.
Schenk mir Aufmunterung und Hoffnung, dass ich bald wieder mit Freude und neuer Energie am Leben teilhaben kann.
Man kann nicht immer gesund sein. Und Kranksein zeigt mir auch, wie schön es ist, gesund zu sein.

Sei auch besonders bei den Menschen, die schwer oder unheilbar krank sind, und beschütze alle Menschen, die ich liebe, vor Krankheit.

13 Der Engel der Langeweile

Lieber Engel,
manchmal ist es mir langweilig. Besonders schlimm ist es, wenn ich allein daheim bin.
Nichts macht mir Spaß. Es ist immer dasselbe.
In solchen Augenblicken weiß ich einfach nichts mit mir und meiner Zeit anzufangen.
Zeige mir dann, dass ich nicht allein bin, sondern dass du bei mir bist.
Und hilf mir, die Zeit zu genießen.
Es kann ja auch schön sein, einmal nichts tun zu müssen.
Dir ist bestimmt nie langweilig, weil du immer für mich und für andere Menschen da bist.
Ich möchte von dir lernen, in solchen Augenblicken der Langweile Ideen zu finden, um die freie Zeit sinnvoll für mich und andere zu nutzen.

14 DER ENGEL DER AUSDAUER

Lieber Engel,
meine Eltern sagen immer wieder, dass ich mehr Ausdauer haben soll. Wenn ich meine Hausaufgaben mache oder wenn ich im Haushalt helfe …
Ich nehme es mir öfter vor. Aber es gelingt mir nicht. Ich werde schnell müde und habe keine Lust mehr.
Sei du bei mir und hilf mir, mehr Ausdauer zu zeigen bei all dem, was auf den ersten Blick keinen Spaß macht oder schwierig erscheint.
Halte mit mir durch. Und dann werde ich stolz und glücklich sein, wenn es mir durch deine Hilfe gelungen ist.

15

DER ENGEL DES TROSTES

Lieber Engel,
ich bin traurig, dass mein bester Freund weggezogen ist.
Es macht mich traurig, wenn ich von Menschen höre, die unter Krieg und Armut leiden.
Und ich bin traurig, dass unsere Katze weggelaufen ist.
Tröste mich in meiner Trauer und zeig mir, dass das Leben weitergeht.
Wenn du meine Tränen aushältst und mir zur Seite stehst, wird sich meine Trauer in Trost verwandeln. Allein diese Vorstellung hilft mir schon.
Und ich kann bald wieder die schönen Dinge in meinem Leben sehen.

16 DER WEIHNACHTSENGEL

Lieber Weihnachtsengel!
In der Heiligen Nacht hast du den Hirten auf dem Feld Freude gebracht.
Du hast ihnen verkündet, dass in Betlehem ein ganz besonderes Kind geboren wurde: Jesus, der Retter.
Da wurde es auf einmal hell in ihrer Nacht.
Erfülle auch mein Herz an Weihnachten mit Freude und Licht.

Schenk mir Freude über die Geschenke und das gemütliche Beisammensein in der Familie.
Bring Licht und Glück über unsere ganze Familie.
Lass mich spüren, wie Weihnachten unsere Familie verzaubert und wie wir das Fest voller Liebe, Freude und Dankbarkeit miteinander feiern.
Manchmal war ich schon enttäuscht, dass es an Weihnachten hektisch zuging und keine so gute Stimmung war.
Sei du deshalb bei uns und schenke uns Weihnachtsfrieden.

17 DER ENGEL DER WUT

Lieber Engel,
manchmal bin ich richtig wütend.
Und ich weiß oft selber nicht, warum mich auf einmal eine solche Wut packt.
Bitte zeige mir, wie ich mit meiner Wut umgehen kann, damit ich andere Menschen damit nicht verletze.
Verwandle meine Wut in eine Kraft, die mir hilft, in solchen Situationen besonnener zu reagieren.
Vielleicht genügt es auch, wenn du deine Hand auf meine Schulter legst und mir ins Ohr flüsterst: „Das ist doch halb so wild. Spüre dich selber! Es lohnt sich hier nicht, wütend zu sein. Es gibt bessere Wege, das zu klären.“

DER ENGEL DER FREUNDSCHAFT

Lieber Engel,
ich wünsche mir einen guten Freund oder eine Freundin, dem/der ich alles erzählen und blind vertrauen kann. Einen Menschen, der mich versteht, mir zuhört, der mit mir lacht und für mich da ist, wenn ich ihn brauche.
Freundschaft ist kostbar, aber auch zerbrechlich. Es tut weh, wenn ein Freund, dem ich etwas anvertraut habe, hinter meinem Rücken schlecht über mich redet oder Geheimnisse ausplaudert. Schütze unsere Freundschaft!
Leg dich um sie wie ein Mantel und hilf, dass wir uns nicht wegen Kleinigkeiten streiten. Pass du auf, dass wir uns bei Meinungsverschiedenheiten offen aussprechen und wieder versöhnen.

19

DER ENGEL DES ABSCHIEDS

Lieber Engel,
immer wieder muss ich Abschied nehmen: Abschied von dem Lehrer, den ich so gemocht habe, Abschied von Schülern und Schülerinnen, die in eine andere Schule gehen, Abschied von Freunden, die wegziehen, Abschied von meinem geliebten Haustier.
Zeige mir, wie ich auf eine positive Weise Abschied nehmen kann: wie ich dankbar sein kann für die schöne gemeinsame Zeit und wie wir in Verbindung bleiben können.
Sei bei mir, damit der Abschied nicht nur Schmerz bedeutet, sondern damit ich mich auch freuen kann auf das Neue, das mich erwartet.
Gib mir die Hoffnung, dass der Abschied zu einem Aufbruch wird, durch den ich neue Möglichkeiten entdecke für mein Leben.

20

DER ENGEL DER TRAUER

Lieber Engel,
meine Oma, die ich so geliebt habe, ist gestorben.
Meine Welt liegt in Trümmern.
Ich bin so traurig.
Begleite mich in meiner Trauer, damit ich mich nicht so allein fühle.
Tröste mich und nimm mich in deine Arme, damit ich mich bei dir ausweinen kann. Verwandle meine Trauer in Dankbarkeit für all das, was mir meine Oma geschenkt hat, was ich mit ihr Schönes erleben durfte.
Und schenk mir das Vertrauen, dass meine Oma mich vom Himmel aus und in meiner Erinnerung weiter begleitet. Ihre Liebe ist um mich herum. Sie ist unsterblich.

21 DER ENGEL DER VERSÖHNUNG

Lieber Engel,
gestern habe ich mich mit meiner Freundin gestritten.
Und ich weiß gar nicht, wie ich ihr heute begegnen soll. Ich möchte sie nicht als Freundin verlieren. Und es tut mir leid, was vorgefallen ist.
Ich ärgere mich über meine Freundin, die mich verletzt hat. Aber ich ärgere mich auch über mich selbst, dass ich zu meiner Freundin so kränkende Worte gesagt habe.
Zeige mir, wie wir uns wieder miteinander versöhnen können.
Hilf mir, den ersten Schritt zu machen.
Gib mir den Geist der Vergebung, damit ich meiner Freundin und mir selbst vergeben kann. Und dann schenke uns ein neues und gutes Miteinander.
Lass uns umso stärker zusammenhalten und einander annehmen, so, wie wir sind.

22 DER ENGEL RAPHAEL

Lieber Engel Raphael,
du hast den jungen Tobias auf einer weiten Reise begleitet und beschützt vor den Gefahren, die ihm unterwegs begegnet sind.
Begleite auch mich im Alltag und auf meinem weiteren Lebensweg.
Gib acht, dass mir nichts passiert auf dem Weg in die Schule, in den Urlaub und auf den vielen Wegen, die ich immer wieder gehe.
Behüte mich auf meiner weiteren Lebensreise und hilf mir, nicht vom Weg abzukommen.

23 DER ENGEL MICHAEL

Lieber Engel Michael,
du bist der Engel, der in besonderer Weise die Kinder beschützt.
Du wirst immer mit einem Schwert dargestellt, weil du das Böse bekämpfst und uns davor schützt.
Ich bitte dich, schütze auch mich vor allen und allem, das mir schaden möchte.
Schütze mich auch vor bösen Gedanken, die manchmal in mir hochkommen.
Bewahre mich davor, diese bösen Gedanken in die Tat umzusetzen.
Du bist es auch, der die Seelen im Tod in die liebenden Arme Gottes führt.
Geleite auch mich auf meinem Weg, schütze mich vor allen Gefahren und führe mich am Ende meines Weges in die ewige Liebe Gottes, in der ich für immer geborgen sein werde.

24 DER ENGEL GABRIEL

Lieber Engel Gabriel,
du hast Maria die frohe Botschaft verkündet, dass sie ein besonderes und heiliges Kind gebären wird, den Sohn Gottes.
Lass auch mein Leben Frucht bringen für andere Menschen.
Zeige mir, dass mein Leben wertvoll ist und dass ich jeden Tag eine gute Spur in diese Welt eingraben kann - eine Spur der Freundlichkeit und Fröhlichkeit, der Leichtigkeit und der Liebe.
Schenke mir wie Maria die Erkenntnis, dass Gott mir etwas zutraut, dass Gott mich liebt und dass er will, dass ich zum Segen werde für andere Menschen.
Und lehre mich, wie Maria Ja zu sagen zu dem Leben, das Gott mir geschenkt hat, das wertvoll ist und einmalig.

25 DER ABENDENGEL

Lieber Abendengel!
Lass mich heute Nacht nicht allein.
Gib mir das Gefühl, dass du neben mir liegst. Dann bin ich nicht einsam. Und dann habe ich auch keine Angst mehr vor bösen Träumen.
Oft kann ich nicht einschlafen, weil ich so viel nachgrübele – über die Zukunft, über den vergangenen Tag, über meine Freunde, die Schule oder darüber, ob meine Eltern wirklich immer zusammenbleiben.

Sei du bei mir, damit ich deine Nähe spüre und aufhöre, mir den Kopf zu zerbrechen.
Schenke mir Geborgenheit, damit ich alles loslassen kann und so in deinen liebenden Händen beruhigt einschlafe.
Beschütze mich heute Nacht und begleite meinen Schlaf, damit ich morgen mit neuem Vertrauen und neuer Kraft aufstehen und in den neuen Tag gehen kann.

„Deine Zuversicht ist ja der Herr,
zum Schutz hast du auserkoren den Höchsten.
So wird dir begegnen kein Unheil,
keine Plage wird nahen deinem Zelt.
Denn er entbietet für dich seine Engel,
dich zu behüten auf all deinen Wegen.
Sie sollen auf den Händen dich tragen,
dass nicht an einem Stein sich stoße dein Fuß."

Psalm 91,9-12

Du bist beschützt und behütet
auf all deinen Wegen.
Dein Schutzengel begleitet dich.